# 从前，有座好大的宫

左远波 主编

王莹 改编

吉林出版集团股份有限公司

全国百佳图书出版单位

故宫里的故事

**图书在版编目（CIP）数据**

从前，有座好大的宫 / 王莹改编 . -- 长春：吉林
出版集团股份有限公司，2023.2
（大故宫里的小故事 / 左远波主编）
ISBN 978-7-5731-2439-5

Ⅰ . ①从… Ⅱ . ①王… Ⅲ . ①故宫－少儿读物 Ⅳ .
① K928.74-49

中国国家版本馆 CIP 数据核字（2023）第 016988 号

★ 本系列图书由阎崇年先生授权改编自《大故宫》（长江文艺出版社）；
书中照片除特殊注明外，均由作者提供。

大故宫里的小故事
CONGQIAN YOU ZUO HAO DA DE GONG

# 从前，有座好大的宫

| | | | |
|---|---|---|---|
| 主　　编：左远波 | | 责任编辑：金佳音　孙　瑶 | |
| 改　　编：王　莹 | | 封面设计：有乐儿 | |
| 出版策划：齐　郁 | | 版式设计：云尚图文 | |
| 项目统筹：郝秋月 | | 插　　画：TUGEN | |
| 选题策划：金佳音 | | 插画助理：哈哈小子 | |

出　　版：吉林出版集团股份有限公司
　　　　　（长春市福祉大路 5788 号，邮政编码：130118）
发　　行：吉林出版集团译文图书经营有限公司
　　　　　（http：//shop34896900.taobao.com）
电　　话：总编办 0431-81629909 营销部 0431-81629880/81629881
印　　刷：天津融正印刷有限公司

开　　本：710mm×1000mm　1/16
印　　张：7
字　　数：80 千字
版　　次：2023 年 2 月第 1 版
印　　次：2023 年 2 月第 1 次印刷
书　　号：ISBN 978-7-5731-2439-5
定　　价：55.00 元

印装错误请与承印厂联系　电话：13910128107

**年年**

一个对故宫的故事非常感兴趣的小男生，只可惜总是跟不上小米粒和阁爷爷轻快的步伐。

**小米粒**

一个小小的"历史迷"。她最爱与"故宫万事通"阁爷爷和可爱的小伙伴年年一起逛故宫。

**阁爷爷**

一位德高望重的明清史专家，他熟悉故宫的每一个角落。

# 目录

宫城内外一道道大门，宫里头层层叠叠大院子套着小院子！在故宫的中轴线上，从南到北坐落着五道最重要的门：午门、太和门、乾清门、坤宁门、神武门，左右是东华门和西华门。这些门高低错落，就像乐谱上的小节线一样，正是它们使雄伟的故宫变得层次分明，营造出空间秩序的美感，让一首气势恢宏的乐曲有张有弛地奏响。

# 开门见宫

每一次来到故宫，这些古色古香的建筑、巍峨的城墙，都让我想了解更多发生在那里的故事。对了，在那时候，它还不叫故宫，而是叫"紫禁城"呢。

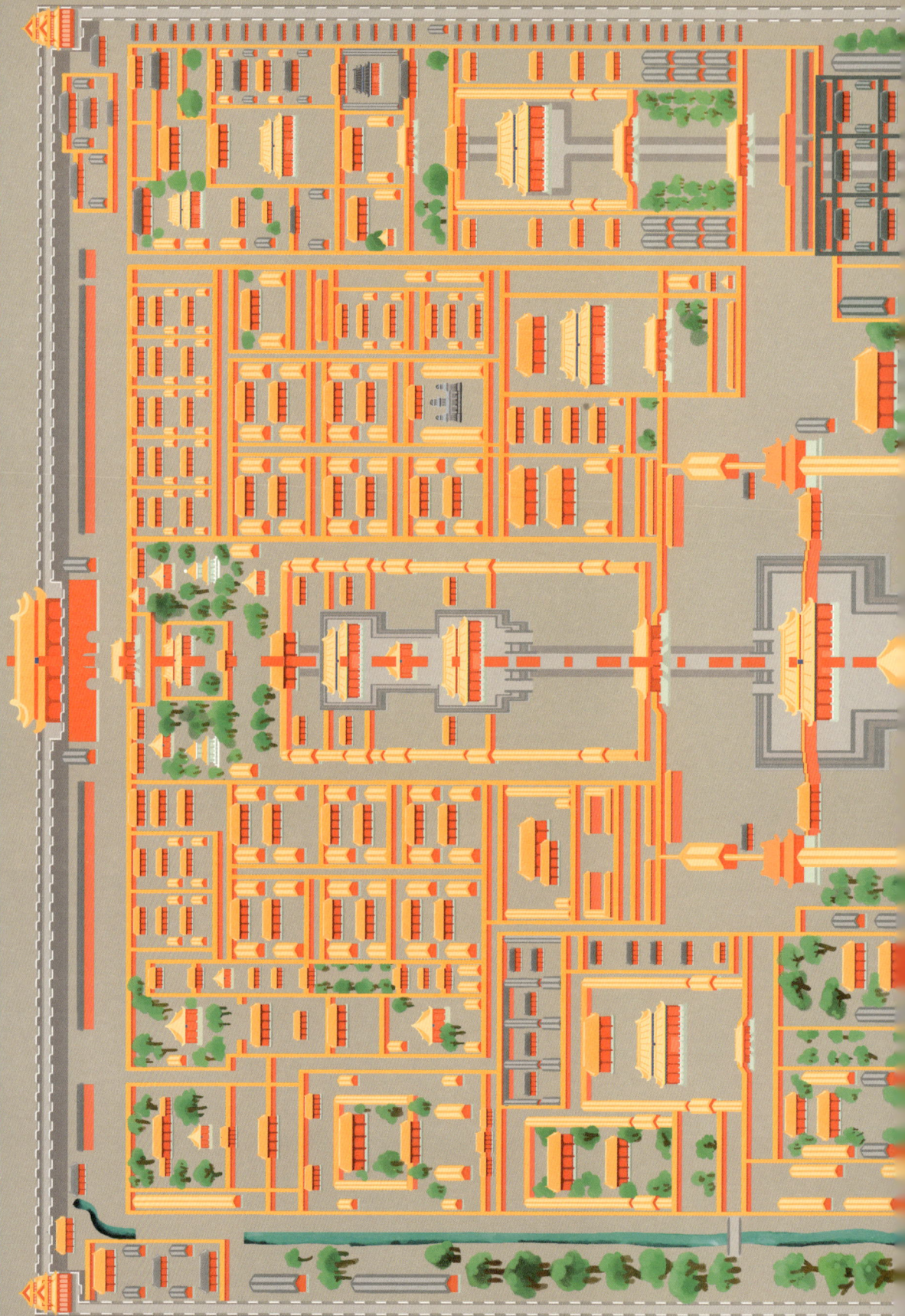

这条线就是故宫的中轴线。故宫是一座长方形的城池，周围的城墙高10米，外面有宽宽的护城河，形成了一个结实的"堡垒"。

# 紫禁城大创意

从金朝起，北京就是国都，那时候北京还不叫"北京"，而叫"中都"。

元朝时，"中都"被叫作"大都"。

到了明朝，明太祖朱元璋把国都搬到了南京，"大都"就成了"北平"。等朱元璋的第四个儿子朱棣即位后，又把国都搬了回来，"北平"这才改名叫"北京"。

在当皇帝以前，朱棣一直住在北京。当了皇帝后，他来到了当时叫作"应天府"的南京，但那里又湿又热，他觉得非常不舒服。再加上在那里发生过许多故

明太祖朱元璋

4

事，他便想到把国都迁回自己熟悉的北京，认为那才是自己的"龙兴之地"。更何况，北京居中，交通便利，定都在这样的地方，有利于稳定政权。于是，1406 年，他下令在北京修建一座宫殿。直到 1420 年，整整用了 14 年时间修建的紫禁城才顺利完工，这一年冬天，朱棣就高高兴兴地搬了进去。

从那以后，紫禁城成了明清两代的皇宫，先后有 24 位皇帝曾在此居住过。

明成祖朱棣

# 一封明朝工匠的来信

你好啊！

我是一名生活在明朝的工匠，我参与了修建皇宫的任务，是不是很幸运？

你可能会问，紫禁城里面有9000多间房子，需要的木头一定多得数不完。它们是怎么从各地来到紫禁城的呢？

答案是——从水上漂来的！用来建造皇宫的木头要经过层层筛选，最终被选中的就成了"皇木"。它们乘木排漂流而来，也有的是用船运来，经年累月，通过运河输送到北京，所以，才有了"漂来的紫禁城"这种说法。

开采建造宫殿用的石料的过程也很艰辛。就拿保和殿后面那块丹陛石来说吧，它的"入宫之旅"更好玩儿——它是滑着冰来到紫禁城的：数万名劳工在道路两旁每隔500米左右挖一口井，到了寒冬腊月气温足够低的时候，就从井里打水，把运输的道路泼成冰道，这样石块就能滑行了。就算这样，还是用了足足28天的时间，这些石材才被送到宫里。

宫殿建成了，我也老了。我很幸运，不仅参与了这么伟大的工程，也没累出什么毛病。现在，每当我从宫墙外面看到紫禁城气派的城门，心里都很自豪——这么雄伟的建筑，也有我的一份功劳呢！

老北京城的南大门是永定门，那里是中轴线的起点。但皇城的正门是天安门，也就是从前的承天门。

天安门城楼威严宏伟，看，门前的华表柱上，还有"小怪兽"在冲我笑呢！

《康熙南巡图》中的天安门

天安门的城楼上有许多巨大的红色柱子，数一数，有 60 根呢。

基座、高楼、殿顶，一层一层加起来，足有 30 多米，差不多有 12 层楼那么高。

这里是皇城的正门，也是宫城的第一道门。门外装饰着石狮子和华表。华表上刻着云朵和蟠龙的图案，顶端还有一只石兽，你知道它叫什么名字吗？

这只小怪兽的名字叫"犼"（hǒu）。还记得《西游记》里面孙悟空在麒麟山遇到的那个妖怪赛太岁吗？观音菩萨来收服他时告诉过悟空，赛太岁原本就是观音菩萨的坐骑金毛犼。

门北侧的华表上，石犼面向皇宫，又称"望君出"；门南侧的华表上，石犼背向皇宫，又称"望君归"。

当皇帝长期待在宫里时，两只石犼就像在说："国君哪，您不要总是待在宫廷里，快出去体察百姓疾苦吧！"当皇帝外出很长时间也不回来，两只石犼就像说："国君哪，不要贪玩了，快回来打理朝政吧！"

在这两对小怪兽身上，寄托着百姓对明君的期待呢。

# 像大雁翅膀一样

进入天安门，往前走就是端门，它的两侧是祭祖的太庙和祭土地五谷的社稷坛。

走过了端门，前面就是巨大的"凹"字形午门了。它是紫禁城的正门，位于紫禁城南北的轴线上，也是举行重要典仪的场所。

午门居中向阳，位当子午，故名午门。从它两侧伸出来的房子就像大雁的翅膀，所以这两侧又叫"雁翅楼"。

在过去，只有皇帝可以自由出入午门的正门。皇后只有在大婚时才能乘坐喜轿从这里通过。而刚通过殿试选拔的状元、榜眼、探花，在成绩公布后可以从午门的正门出皇宫。

不过，午门这里也发生过一些凄惨的事，官员们如果直言进谏触怒了皇帝，就会在午门受廷杖呢。

## 海龟曾"游"进午门

永乐年间，明成祖朱棣为了与民同乐，曾经下令在午门外扎了一个巨大的"鳌山万岁灯"。

鳌，就是传说中海里的大龟。鳌山灯，就是把彩灯堆叠成一座山，像传说中巨鳌的形状，有红、黄、白、绿、紫、青多种颜色，除了放灯外，还有音乐歌舞。元宵节当天，永乐皇帝乘坐小轿，从乾清宫出来赏灯，皇后、妃嫔、太监们随后。等皇帝赏完灯，百姓也潮水般拥到午门前，观赏鳌山灯火，欢度佳节。

午门的门洞，从正面看只有三个，背面看却有五个

# 啼笑皆非扎纸门

过了午门，我们就正式进入故宫啦！穿过宽阔的太和门广场，我们来到了太和门前。许多去过故宫游览的外国朋友都对这个大广场印象很深刻，从午门到太和门的广场式庭院宽敞大气，面积约 26 000 平方米。红墙、黄瓦、蓝天、白云、绿水，还有恢宏的太和门，巍峨的太和殿……简直就是一幅美丽的画卷！

庭院中间还有一条小河呢！它叫内金水河，在空旷平整的大庭院里画出一条弧线，如同碧玉做成的带子，所以也叫玉带河。河上架起了五座汉白玉石拱桥，中间那座桥最宽、最长，在古代，那可是只有皇帝才能走的呢！

扫码领取

★故宫奇妙之旅
★神奇的脊兽
★云游博物馆
★国宝档案册

太和门在明永乐建皇宫时被称为奉天门，嘉靖时称大朝门，后来又改称皇极门，到了清顺治时才改称太和门。

这座高大的门楼矗立于三米多高的汉白玉台基之上，门前台阶下的两侧有一对铜狮，雄赳赳、气昂昂地踞坐在那里守卫太和门。

《卤簿图》中的太和门

太和门曾是明代皇帝"御门听政"的地方，到了清代，自顺治帝起就在乾清门御门听政了。但是太和门和门前的广场在紫禁城中依然是非常重要的地方。清代的光绪帝大婚前不久，太和门遭遇了一场大火，因此光绪帝大婚时，皇后和众人通过的是一座用彩棚搭的假太和门。

这座彩棚太和门做得跟真太和门一模一样，花纹、雕镂都按照原来的样子仿造得细致入微，就连内廷执事的人都难分真假。这种巧夺天工的手艺在民间俗称"扎彩子"，已经被列入北京市非物质文化遗产保护名录了。今天我们来到故宫看到的太和门，其实是光绪大婚后的第二年才建成的。

太和门前的铜狮

国事巨殿

# 至尊大殿

要说紫禁城内的建筑哪座最重要，那一定非太和殿莫属了！我们可以从下面四个"最"看看太和殿为什么这么重要。

如果你站在太和殿广场上望向太和殿，一定会感慨它建筑的恢宏。它是我国现存最高的宫殿建筑。从地面到殿脊龙吻最高处有35.05米，约相当于12层楼那么高。

**建筑最高**

太和殿是我国现存体量最大的宫殿建筑。太和殿东西共有11个开间，建筑面积约2377平方米。在殿前的东西两侧还分别设有铜龟、铜鹤、日晷和嘉量，铜龟、铜鹤寓意着江山长久稳固、国运昌隆，日晷和嘉量象征着威严的皇权。

**体量最大**

**装饰最美**

太和殿是我国现存最美的宫殿建筑。细细观察，太和殿里里外外每一处细节都彰显了当时建筑、雕刻、彩绘的最高水平。

## 等级最尊

太和殿是我国现存等级最尊的宫殿建筑。它的尊贵，除了我们之前说到的高度、建筑体量和装饰以外，还体现在它的地理位置和殿顶设计两个方面。

太和殿坐落在中轴线的核心位置，是皇权的象征。它南与太和门、午门、端门、天安门相呼应，北与乾清门、后三宫、神武门、钟鼓楼相呼应。

太和殿的殿顶采用了古代建筑屋顶最高等级的重檐庑殿顶。"重檐"就是两层屋檐，"庑殿顶"就是用一条正脊和四条斜脊组成的四面坡形的殿顶，它让宫殿显得更高了。

请你也来找一找，在故宫的建筑当中，还有哪些采用了重檐庑殿顶呢？

太和殿是故宫里最大，也是最重要的建筑。它壮丽雄伟，装饰精美，金碧辉煌，尊贵极了，怪不得它曾经被叫作"金銮宝殿"呢！

## 关于太和殿，你可能不知道……

· 太和殿与中和殿、保和殿共同建造在一座"土"字形汉白玉"须弥座"台基上。

· 在台基下面，还有一条暗道，人称"老虎洞"，这是供太监们穿行的。明代天启帝还曾经在这里跟太监、宫女们玩过"捉迷藏"呢。

· 这么恢宏的太和殿，是由72根巨大的柱子支撑着的。其中，在皇帝宝座附近的6根贴着金箔的大柱子最高、最粗，每一根都有约4层楼高，直径约1米。

扫码领取

★故宫奇妙之旅
★神奇的脊兽
★云游博物馆
★国宝档案册

在殿顶的正脊两端，有一对龙吻，光是这龙吻就有 3.4 米高、2.68 米宽，重约 4.3 吨，由 13 块琉璃构件组成。龙吻背插宝剑，四足腾空，口吞正脊，怒目圆睁。这是现存中国古代建筑中体量最大的龙吻。

一般来说，宫殿的级别越高，檐角装饰的小兽个数就越多。通常，在"骑凤仙人"后面跟着的，最多会有 9 个小兽，分别是龙、凤、狮子、天马、海马、狻（suān）猊（ní）、狎鱼、獬豸（zhì）、斗牛，这些神兽有着吉祥、权威、公正、防灾等寓意。但是太和殿的檐角却有 10 个小兽，这在中国古代建筑中是孤例。在上述 9 个小兽的最后，太和殿的檐角还多出一个"行什"，它是传说中长着翅膀的猴子，手里拿着能降魔的金刚宝杵，有的人说行什长得像传说中的雷公，可能是防雷的象征。

藻井通常位于室内的上方，呈伞盖形，由细密的斗拱承托，象征天宇的崇高，藻井上一般会有漂亮的彩画、浮雕。

你也许要说了，置于天花板上，又被叫作"井"，这不是很奇怪吗？原来古人认为"井"是主水的，在殿堂、楼阁最高处设藻井，同时装饰以荷、菱、莲等水生植物，都是希望能借其压服"火魔"作祟，护佑建筑物的安全。

在皇帝宝座前方的殿顶正中，有一方以精美、辉煌著称的藻井，中间雕刻着精美的盘卧巨龙，龙头下探，口含宝珠，威武生动。

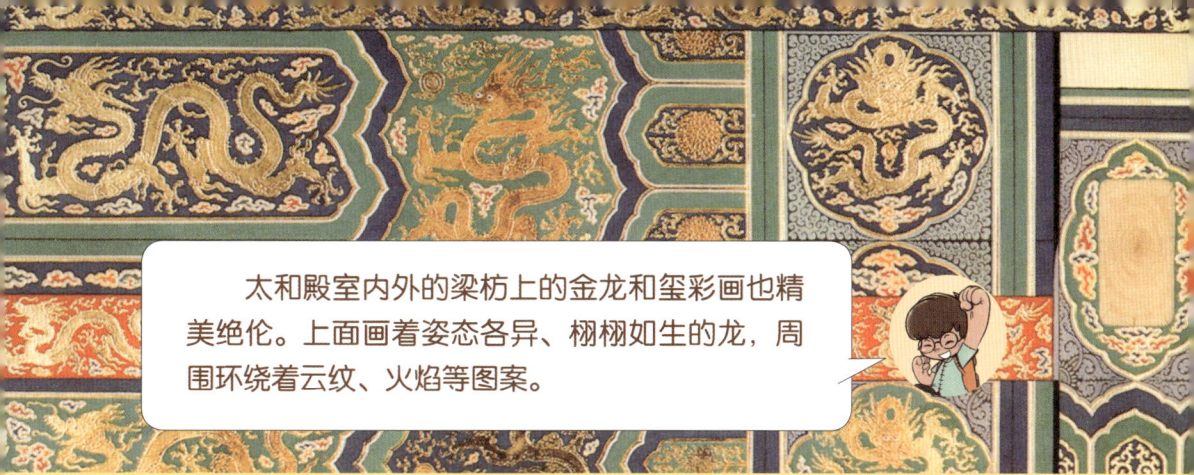

太和殿室内外的梁枋上的金龙和玺彩画也精美绝伦。上面画着姿态各异、栩栩如生的龙，周围环绕着云纹、火焰等图案。

让整个殿堂看起来金碧辉煌的，还有铺设在殿内地面上的 4718 块大金砖。这些金砖并不是真的用黄金制成的，而是一种在苏州一带特制的御用砖。它表面光亮、清雅，经久耐用，"敲之有声，断之无孔"。因为专供皇宫使用，这种金砖的烧造工艺和物料都相当讲究，稍有瑕疵就不能使用。对金砖铺设的要求就更高了，三名工匠相互配合，一天也只能铺五块。如今，这种工艺已经被列入国家级非物质文化遗产名录。

太和殿宝座

# 308 口大水缸的故事

历史上，太和殿一共发生过四次火灾。因为复建大殿费钱、费时，又费力，每次都要过好久才能得以重建。至少有三位皇帝一辈子都没见过这座大殿完好的样子。

为了防止大殿再次起火，人们想了好多办法。有的人认为给这座建筑改名叫"皇极殿"就能解决这个问题；有的人认为要祈求火神的保佑，就去火神庙烧香祭拜；还有的人认为，得在宫里专门设置供奉水神的地方……还有一个办法比所有前面说到的这些都实用，那就是多准备些"消防设备"——大水缸！

有人统计了一下，故宫各处的水缸总共有308口。这些大大小小的水缸都装满了水，以备不时之需。冬天为了防止缸里的水结冻，宫人们还得给大水缸穿上棉"外套"，缸口上面盖上盖子，甚至还得在缸下面生火加温。

天哪，简直够我们家吃好几辈子的了！

你知道吗，紫禁城里镏金缸上面有华美的雕饰，造价都很高呢。光这么一口缸，就重达1696千克，至少需要花费白银1500两！

# 殿中"奇葩"

在太和殿和保和殿之间，坐落着一座风格独特的小方殿，它就是中和殿。

这座小方殿也在"土"字形汉白玉基座上，居于两座重要的大殿之间，看起来方方正正，单檐，四角攒尖，像一座大亭子。在四四方方的殿顶之上，是一镏金圆顶，寓意"天圆地方"。

方形的中和殿纵横各三间，一共九间，这叫"明堂九室"。而且这座小方殿四面都有门窗，南面是12扇窗，东面、西面、北面各4扇，总共24扇，像中和殿这样四面都有门窗的建筑，在紫禁城里还真不多。

中和殿

也许你会有点儿纳闷儿，为什么要在这儿盖这么一座小小的殿堂呢？

这个问题也曾经困扰了我很久，不过后来经过一番研究，我发现了这座看似不起眼儿的小方殿的高明之处——

第一，从古人的哲学理念出发，在太和殿和保和殿之间建一座方形小殿，能够使太和殿和保和殿之间保持和谐与平衡，也寓指着外朝与内廷之间的和谐与平衡，体现了儒家的"中和"理念。

第二，想在太和殿到保和殿之间建一座"中和"的殿堂，空间的制约是不能忽视的问题。太和殿和保和殿之间距离只有约84米，要是按照殿外的台阶算的话，那距离就只有29.3米，根本不够建一座大型宫殿的。

第三，建筑美学尤其讲究变化起伏，在两座长方形的大殿中间建一座小小的方殿，看起来更灵活、更好看。

别看中和殿小，但是在不同的时期、不同的场合，它能起到不同的作用呢！首先，它是皇帝的"休息室"。就和今天我们在大礼堂、大会堂旁边见到的休息室、贵宾室有一样的作用。明朝和清朝，在太和殿举行大典之前和之后，皇帝都会就近在中和殿里休息一下。后来，中和殿还做过议事厅、宴会厅，甚至还在皇帝参加典礼前，作为阅视相关文稿的典仪厅。皇室家谱《玉牒》的御览仪式就是在这里举行的。

中和殿内

中 执 允

用敷五福而锡极彰厥有常

時乘六龍以御天所其無逸

# 梦开始的地方

"三大殿"起自太和门，到保和殿这里收尾。所以在建筑上，保和殿处处都与太和门、太和殿遥相呼应。比如太和殿两侧有昭德门和贞度门，保和殿两侧就也设了后左门和后右门，有通道对应连接。

> 保和殿曾发挥过几种不同的作用，不仅曾作为清顺治帝和康熙帝的寝宫，还曾是节庆礼仪、举办宴会、接见宾客的场所，此外，这里还有一个重要的作用，那就是举行殿试。在明、清两代，读书人一路过关斩将，才有机会在保和殿参加殿试，最终在朝为官。这样看起来，那时候的保和殿对读书人来说，可以说是"梦开始的地方"。

让来到这里的人印象最深刻的，恐怕要数"保和殿后的大石雕"（右页图）了。

保和殿后最下层靠近地面的地方，有一块很大的御路阶石，上面雕刻着流云立龙的花纹。这块巨大的石雕长 16.57 米，宽 3.07 米，厚 1.7 米，重达 187 吨。这是紫禁城里最大的一块石雕。

保和殿后大石雕

不过在古代，来这儿参加考试的书生们可没什么心情去看石雕，他们满脑子都想着怎么回答皇帝的问题。

在明清时期，一个人想做官的话，最好的方法就是参加科举考试。考生们需要过一道道"关"：先是参加童试，接着是乡试、会试，在会试上考中贡士后，才能得到殿试的资格。

> 糟糕，我太紧张了，把字给写错了……

> 现在，不仅要比拼思想和文采，更要比谁的书法好、谁心理更强大，我可要沉住气，好好答题。

殿试的程序大概是这样的：
· 早上，参加命题的老师们把题目交给皇帝。
· 皇帝画出自己觉得满意的考题，再密封起来，运到内阁大堂。
· 第二天早上，在保和殿里，发试卷，考生们开始答题。
· 主考官把前十名的答卷交给皇帝，皇帝钦点状元、榜眼和探花。

保和殿殿试试卷

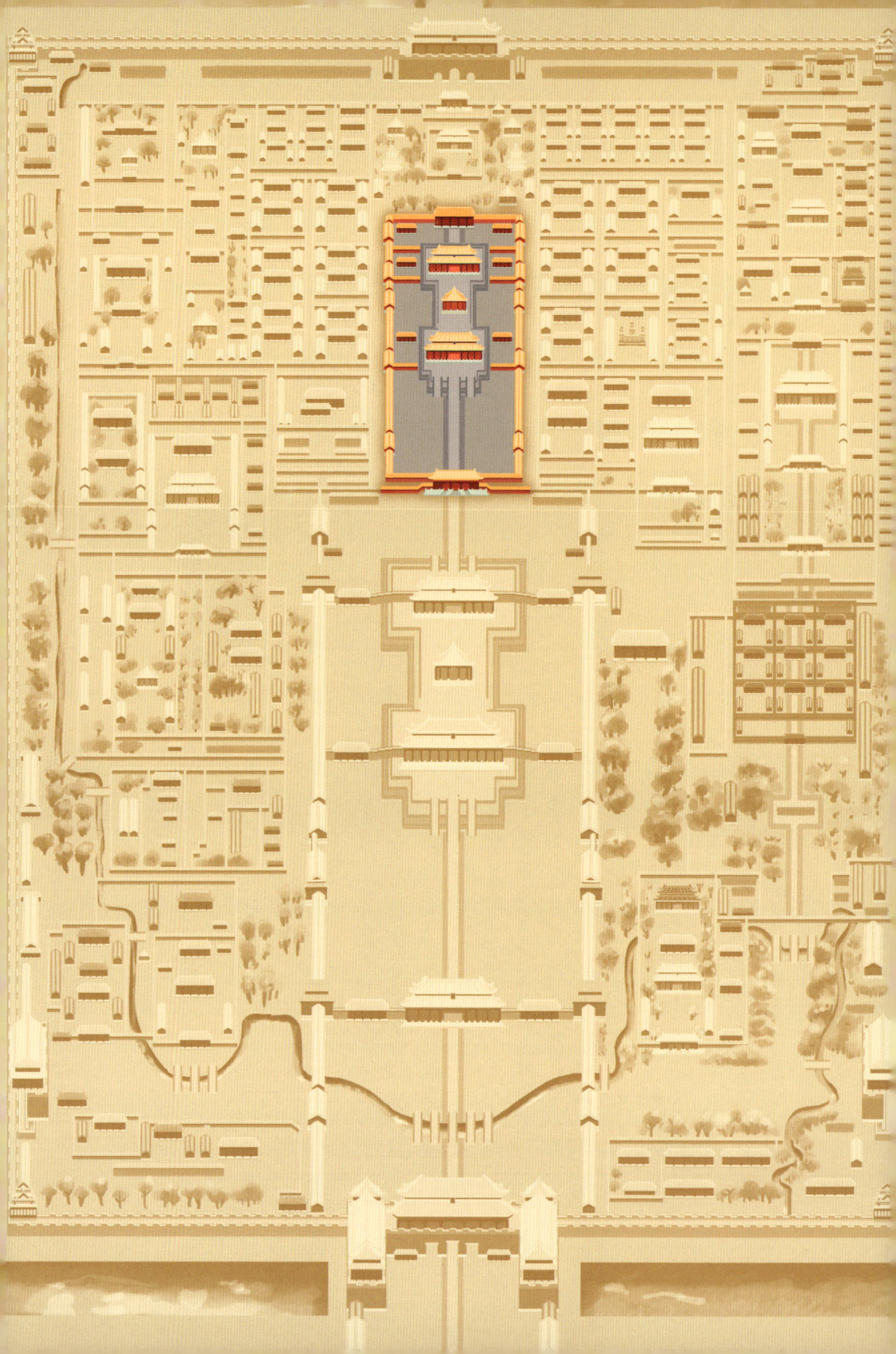

# 家事日宫

乾清门御门听政的御椅

　　清代，乾清门是皇帝处理政务的地方，特别是康熙皇帝在位期间，他一年四季都在这里"御门听政"。什么是"御门听政"呢？通俗点儿说，就是"露天早朝"。

　　"御门听政"，就是皇帝"御临"宫门下听取百官奏事（而不是我们在电视剧里看到的那样在大殿里）。每天拂晓，有事项要奏议的大臣便准时来到宫门前，分部门向皇帝奏事。皇帝听了大臣的禀奏后，与群臣商议一番，然后做出决策。这种"办公方式"早在明代就有，只不过那时皇帝是在太和门听政，清朝才将听政的地点迁到了乾清门。

　　康熙皇帝是清代非常勤政的一位皇帝，他执政以来，"御门听政"了五十五年，寒来暑往，几乎没有间断过，这样的"办公态度"真是难能可贵啊！

什么是『御门听政』呢？

34

# 乾清故事特别多

进入乾清门后，穿过一条宽敞的甬道，就到了乾清宫。"乾"是"天"的意思，"清"是"透彻"的意思，"乾清"象征皇帝的所作所为像清澈的天空一样坦荡，没有干任何见不得人的事。

乾清宫的宫殿广九间，深五间，内部非常宽阔，还隔成了若干间，这样，屋子的功能就更多了。从明朝到清朝初期，这里都是皇帝治理朝政和居住的正殿。

诶？这小小的金色"宫殿"是做什么用的呀？

乾清宫的东侧和西侧各有一座小小的镀金宫殿，东侧的叫社稷金殿，西侧的叫江山金殿，合称"社稷江山金殿"，象征着社稷江山都牢牢地掌握在皇帝手中。

乾清宫与正大光明匾

走进乾清宫，第一眼看到的，准是放在正中的皇帝的御座。

第二眼，应该就是御座上方的"正大光明"匾了。当年，顺治皇帝御书"正大光明"这四个大字，就是希望坐在这里的每一位皇帝都能代表天地大道，秉公处理每一件事。

到了清朝中期，皇帝开始在养心殿里就寝（休息），不过，乾清宫仍然是皇帝处理政事、举行宫中典礼的重要地方。仅在康熙年间、乾隆年间就在乾清宫中举办过四次大型"千叟宴"，规模最大的一次，同时邀请了 3000 多名老人来参加宫里的宴会，饮酒、作诗。

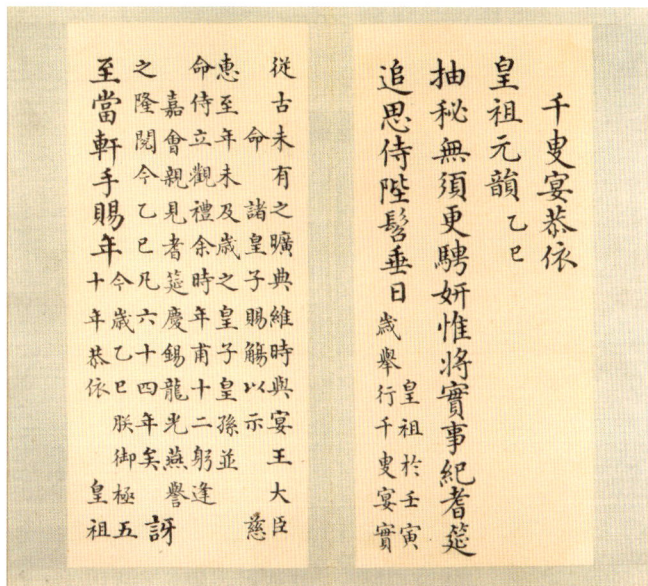

乾隆御制千叟诗

# 神奇宝贝藏交泰

　　"交泰殿"这个名字，五百年都没变过。在中国古代玄学的六十四卦中，"泰"卦是最好的卦，象征天地交合，平衡和顺。还有什么名字能比这个名字更好呢？

　　交泰殿的外观是单檐四角攒尖顶，铜镀金宝顶，还铺着亮闪闪的黄色琉璃瓦。殿内顶部是盘龙衔珠的藻井，又豪华又漂亮。

　　之所以装饰得这么漂亮，因为一年到头的许多时候，皇后都会在这里举办活动。清代，这里便是给皇后庆祝生日的地方。那一天，公主、妃嫔，还有一些大臣的妻子都会到场来祝贺。

看，这两件珍宝分别是铜壶滴漏和大自鸣钟，它们可都是交泰殿的宝贝哦！

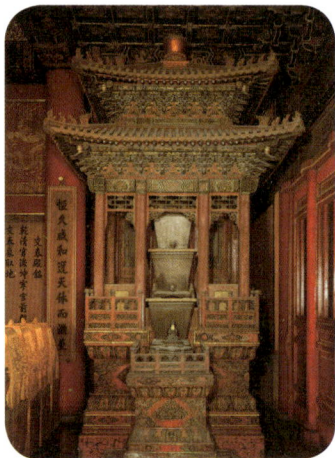

交泰殿内

# 大婚洞房坤宁宫

　　和乾清宫对应的，当然就是坤宁宫了。"乾"和"坤"相对应，从名字就能看出，这里是皇后居住的地方。坤宁宫是皇后的正宫，它坐北面南，正面有 9 个开间，上面覆盖着华丽的黄色琉璃瓦。

　　在古代，皇后被认为是天下最尊贵的女性。皇帝是天，皇后就是地，"天子"住在"乾清宫"，相应地，"国母"就要住在"坤宁宫"。明代的皇后住在坤宁宫里，但是到了清代，皇后并不都住在这里，然而坤宁宫尊贵的地位始终没有动摇，这里仍是皇帝大婚时的洞房。

扫码领取
★故宫奇妙之旅
★神奇的脊兽
★云游博物馆
★国宝档案册

皇帝大婚的喜床

"大婚"这个词我们一点儿也不陌生，平时在网络上经常看到某公众人物"大婚"的新闻报道，甚至现在连普通人的婚礼请柬上都会出现这个词。可在明清时期，"大婚"这个词可不能随便用，只能用来指天子结婚。

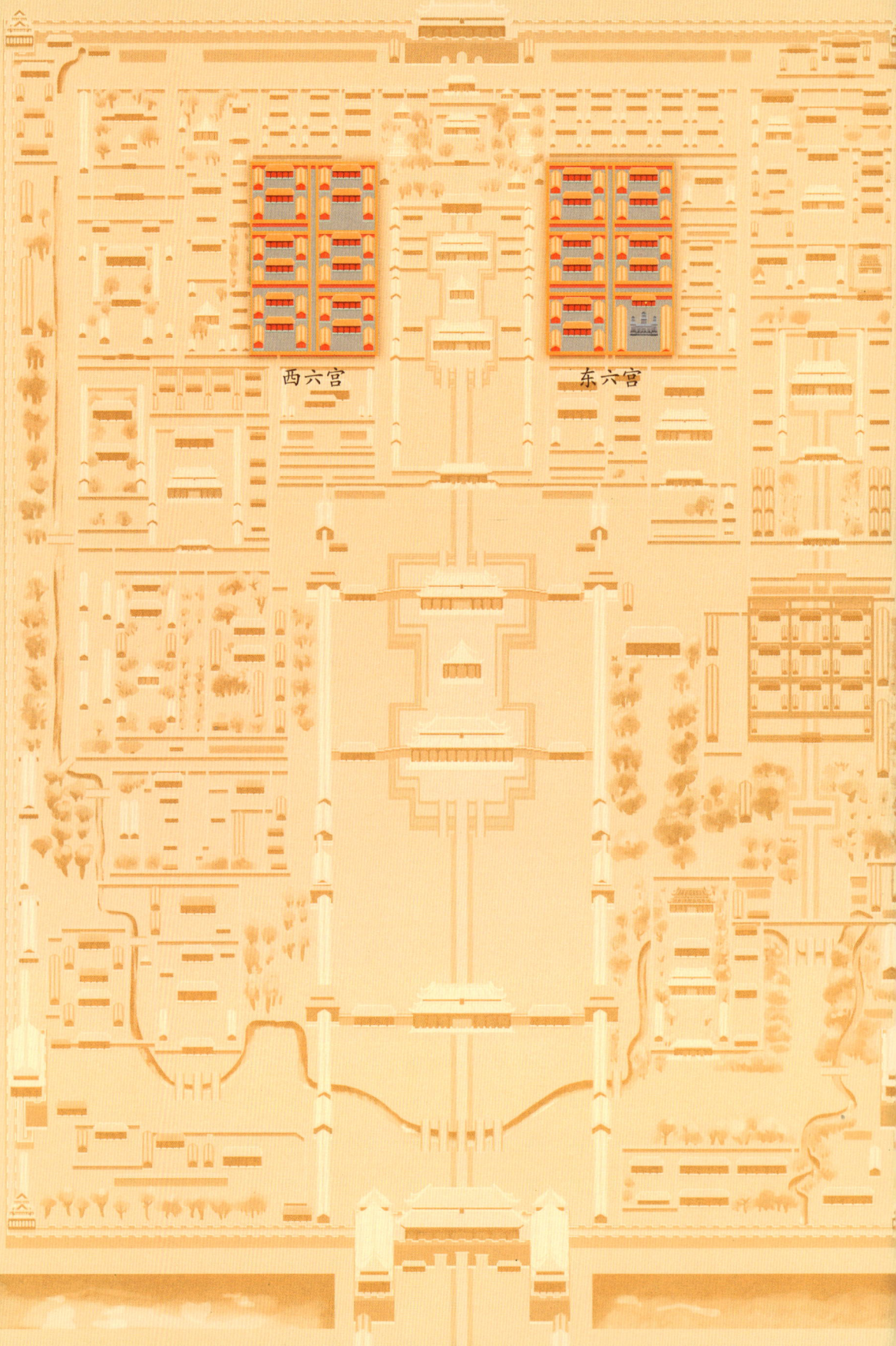

西六宫　　　　東六宫

# 东西六宫好热闹

交泰殿和坤宁宫两侧的廊房，看上去好像有些低矮，但是用途可多了。东侧有御膳房，西侧有御茶房和御药房，此外还有太医的值班室。在这里，皇帝皇后日常吃的、喝的、看病的、吃药的，应有尽有，非常方便。

后三宫两侧各有五扇门，分别通往东西六宫。这东西六宫的分布，简直就像棋盘格一样，左右对称，整齐排列，这也是它们看起来那么像，让人容易迷路的原因之一。

东西六宫除了分布十分对称整齐以外，还有一些东西特别相像。

## 相似的匾额

最开始的匾额是乾隆皇帝亲自题写的，后来，他又规定工匠按照相似的样式打造了十一面匾额分别挂上去。

## 相似的家具

屋里都摆放着铜炉瓶、香案和火盆，就连位置都没有变化。

## 相似的门神

门上都贴着门神，他们看上去威风凛凛。

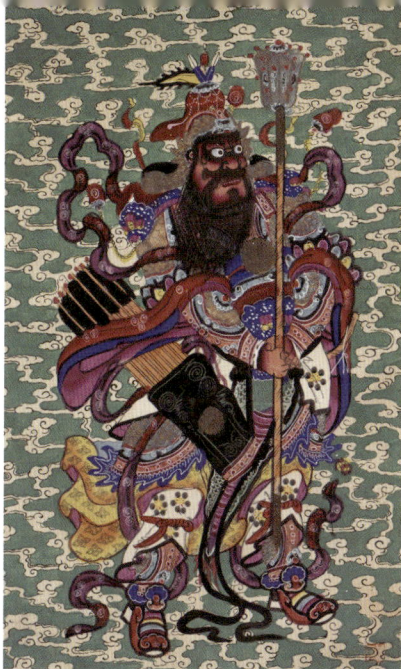

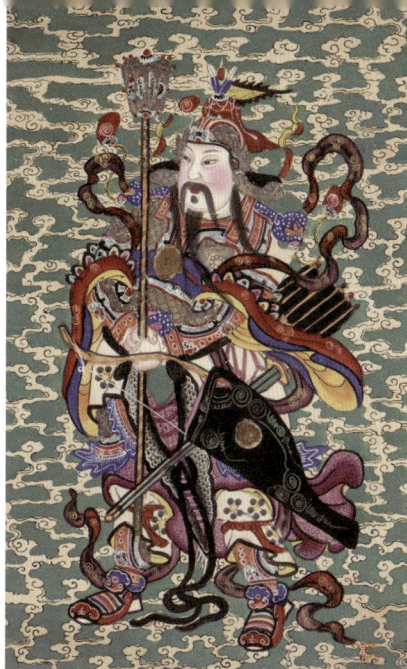

那我是不是走进一间屋子，就知道其他房间长什么样了？

其实建筑内部还是有很多不一样的地方的，因为在每座宫里，都发生过很特别的故事……

# 东六宫

东六宫由这些宫组成：
钟粹宫、承乾宫、景仁宫、
景阳宫、永和宫、延禧宫。

## 钟粹宫

钟粹宫是东六宫西排最北边的一座大院落，它坐北向南，左右都有嵌着琉璃花饰的照壁，看上去十分豪华。前殿悬挂着乾隆皇帝的御笔匾额：淑慎温和。

钟粹宫是二进院，走进去，就能看见一座宽阔的正殿，里面用方砖铺地。如果仔细打量，还能看到屋檐脊上有五个可爱的小怪兽。檐下装饰着漂亮的彩画。窗子以冰裂纹和步步锦装饰，十分精美。

钟粹宫的正殿建于明代，建造和装饰这里的工匠一定很爱画画，他们在钟粹宫每个梁架的梁枋、檩桁、斗拱等构件上都画满了非常漂亮的彩色画。到了清代，工匠舍不得去掉这些彩色画，只是在上面稍加翻新。所以，来这里看一看，你就知道明代的彩色画是什么样子了。

"钟"有"集中"的意思。"钟粹"的意思是汇聚精粹，世间美好的东西都汇集在这里了。

一开始，钟粹宫的名字叫咸阳宫，直到明嘉靖十四年（1535年）才改名为钟粹宫。清咸丰皇帝登基做皇帝前，曾在钟粹宫里住过十七年。后来这里也住过一些后妃。咸丰帝的皇后、后来的慈安太后在钟粹宫中也住过一段时间。由于钟粹宫位处东六宫，所以在这里住过的慈安太后被称为"东太后"，相应地，居住在西六宫储秀宫的慈禧太后被称为"西太后"。

慈安太后

47

## 真假太子之谜

明朝崇祯皇帝的太子朱慈烺曾住在钟粹宫里，在崇祯皇帝自缢后逃亡。但是究竟去了哪里，没有人知道。有一天，有人报告太子流亡到了南京，在南京建立南明政权的福王便命人辨认其真伪。但是南明的权臣马士英对福王说："我们不能承认他是太子。只要太子还活着，就轮不到您来做皇帝啊！"福王心领神会，以伪太子之名将其下狱。但以左良玉为首的一部分对福王不满者，坚持太子是真的，还带了20万大军到南京救"太子"。

有资料记载，这个"太子"真名叫王之明，他的爷爷是驸马都尉，从北京往南逃难时，有人对他说，你知道一点宫廷的事，只要说自己是太子，到南京去就一定会受到礼遇。结果清朝豫亲王多铎军队进城，把王之明抓起来杀了。

没想到，南京的假太子刚被杀掉，北京又冒出了一个太子。这个太子被抓后，先是被献给了农民军头领李自成，李自成兵败身亡后又被献给了清朝。当时的睿亲王多尔衮找来前明太监、侍卫等人来辨认，可奇怪的是，所有认出太子的人都很快死掉了。多尔衮甚至找来了太子的外公周奎来辨认，可周奎一看，就说他不是太子。于是这位"太子"也被处死了。

到底谁真谁假，朱慈烺究竟去向如何，至今还是一个谜……

我是真太子！

## 承乾宫

"承乾"这个名字很大气，意思是承顺天子的恩宠。承乾宫原名"永宁宫"，明崇祯帝的宠妃田氏住进来后，崇祯帝特意为这里改了名字，可见他多么宠爱田贵妃。在清代，这里还曾经住过两位身份尊贵的后妃——顺治皇帝的皇妃董鄂妃，还有咸丰皇帝的生母孝全皇后钮祜禄氏。

景仁宫在东六宫的南端。景仁宫的正门是景仁门，它坐北朝南。门内有石影壁一座，据说还是从元代流传下来的呢。清代以清明勤勉著称的康熙皇帝就出生在这里。光绪帝的珍妃也曾令这里热闹一时，可惜结局比较悲惨。

## 景仁宫

## 永和宫

永和宫在东西六宫中最默默无闻，这里住的大多是些地位不显赫、不太受宠的妃嫔。不过，值得称道的是这里的建筑。就拿影壁门来说吧，它和其他宫就不一样，本可以采用标准的独立柱担梁式，但工匠却别具匠心地在滚墩石的前后左右四个圆鼓兽首上立了细方柱，顶托担梁梁头，使屋顶更加稳固，而且呈现出一种精致的美感。

孝全皇后与年幼的咸丰帝

## 景阳宫

"景阳"本寓意景苑光明，可后来却成了明代六宫中最冷清的院落。明万历帝的王恭妃曾住在这里，她原本是慈宁宫的一名宫女，因为诞下龙子朱常洛，也就是后来的泰昌帝，被封为妃子。但是由于身份低微，王恭妃一直被皇帝丢在景阳宫不闻不问长达几十年，而且被禁止与自己的儿子相见。悲伤的王恭妃终日以泪洗面，最后竟然哭瞎了双眼。直到临死前，王恭妃才"见"到了儿子和孙子，她用手摸着儿子的衣襟，拉着儿子有气无力地说了一句："儿长大如此，我死何恨！"就与世长辞了。

如果你到故宫参观，不要忘记注意一个有趣的细节，那就是宫殿窗户上各种各样的槅扇的棂条样式。槅扇既可以用于外面的门窗，也可以用于室内的隔断。槅扇中间可以糊纸、夹纱或者安装玻璃，但是古代没有玻璃时，多糊纸，室内槅扇则多夹纱。

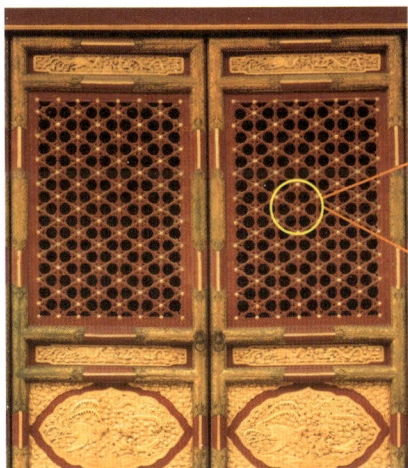

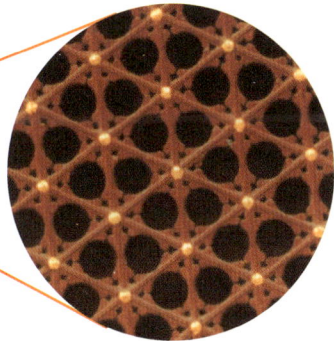

门窗槅扇的样式

## 延禧宫

东六宫中的其他几座宫都是按照中国传统建筑外观设计建造的，而延禧宫却是个另类，它是一座西洋风格建筑。因为延禧宫多次失火，道光二十五年的一场大火将整个宫院烧成了废墟。

隆裕太后想"以水克火"，计划在延禧宫原址修建一座"水殿"。那是一座以铜铁为梁柱的宫殿，玻璃砖为墙壁和地板，人们可以观赏鱼儿在玻璃夹层之间的水中游来游去，从外形看仿佛一座水晶宫。

可是，"水晶宫"开建后不久，就发生了著名的辛亥革命，宫廷上下忙着解决内忧外困，加之财力不足，工程就被迫停工了。所以，如今你看到的"水晶宫"，就是盖了一半、破破烂烂的"烂尾工程"。

20世纪30年代，故宫博物院在原来延禧宫的遗址修建了文物库房，专门贮藏古物和书籍。

扫码领取

★故宫奇妙之旅
★神奇的脊兽
★云游博物馆
★国宝档案册

"水晶宫"遗址

# 西六宫

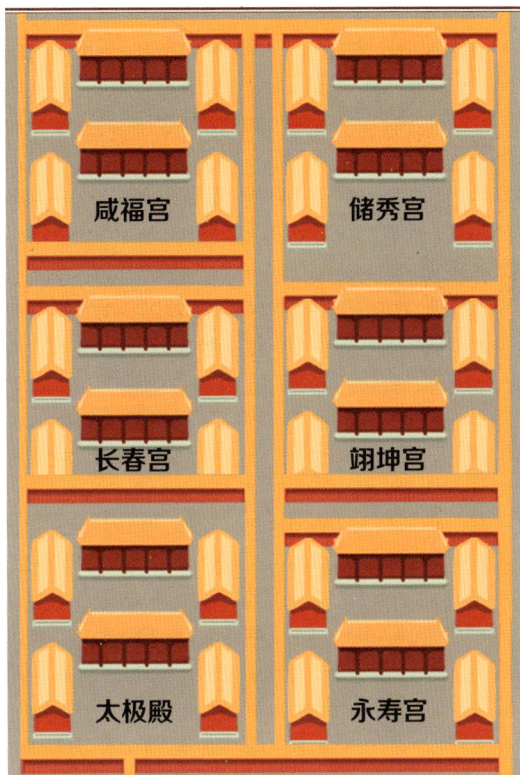

咸福宫

储秀宫

长春宫

翊坤宫

太极殿

永寿宫

西六宫居于紫禁城中线西侧，靠东侧自南向北是永寿宫、翊坤宫、储秀宫，靠西侧自南向北是太极殿、长春宫、咸福宫。

大清國當今聖母皇太后萬歲萬歲萬萬歲

慈禧太后

## 储秀宫

　　在西六宫中，首先要说的就是储秀宫了。这座宫殿非常精致，采用单檐歇山顶，面阔五间，东、西配殿分别为养和殿、缓福殿，宫外屋檐采用了色泽淡雅的"苏式彩画"，题材有花鸟鱼虫、山水人物和神仙故事等；门窗都以质地优良的楠木雕刻，上面还有万福万寿和五福捧寿花纹。

　　储秀宫是游客到故宫来必游的宫殿，因为这里是慈禧太后住过的地方。

　　慈禧在咸丰二年（1852年）经选秀入宫后，就一直住在储秀宫，后来在储秀宫的后殿丽景轩生下皇子载淳（就是后来的同治帝）。在储秀宫，她从贵人，一步一步接连晋升为懿嫔、懿妃、懿贵妃，可以说，这里是她的福地。

慈禧在此宫度过了五十、六十、七十大寿。五十大寿前，为了行走方便，她命人将翊坤宫和储秀宫打通，连成一体，而将原来的翊坤门改建成体和殿，将其变成了一座穿堂殿。

慈禧在储秀宫休息，在体和殿用膳。这里不用香料熏香，而是常年用鲜果"熏宫"。宫内放着几个大缸，专门用来盛放新鲜果子，所以储秀宫常年弥漫着一股特殊的水果香。

"好香啊！"

## 长春宫

长春宫和其他宫殿相比，最大的特色就是廊壁上面绘有18幅以《红楼梦》为主题的壁画，有的画的是"怡红院"，有的是"潇湘馆"，有的是贾母逛大观园等。画面中的人物栩栩如生，很有立体感，线条精细，典雅清秀，一眼就能看出画师的功底。

另外，长春宫前殿对面，还有一座小小的戏台。闲暇时，长春宫的主人就可以在这里听戏。

这么精致的宫殿，是为谁造的呢？原来，这个人就是乾隆最爱的一位皇后——孝贤皇后富察氏。

乾隆皇帝对这位皇后宠爱体贴，只要处理完国事，就会来这里坐坐，和富察皇后吟吟诗，聊聊家常，而富察皇后也会像一般人家的妻子一样，与夫君推心置腹，促膝长谈。

孝贤皇后亲蚕图

富察皇后

可惜的是，富察皇后在乾隆十三年（1748年）去世，年仅37岁。那年的三月，乾隆皇帝带着皇太后和富察皇后一起东巡，登泰山，谒孔庙，没想到在回程途中，富察皇后病死在了船上。

富察皇后去世后，长春宫就没有再安排其他人居住，而是一直存放着富察皇后的生前物品，摆设与装饰都跟富察皇后活着时一样，乾隆还时不时驻足此地，写下了一百多首诗，来表达对富察皇后的思念，回忆着那段只属于他和富察皇后的时光。

长春宫，也因为承载着乾隆皇帝对富察皇后的追忆，成了故宫中最"深情"的一座宫殿！

永寿宫

清代的永寿宫因为距离养心殿最近，皇帝经常在这里设宴。乾隆三十七年(1772年)和硕和恪公主下嫁、乾隆五十四年(1789年)固伦和孝公主下嫁和珅之子，都是在这里大摆筵席，因此这里常年都会摆放许多乐器，供举行宴会的时候使用。

长春宫的《红楼梦》壁画

翊坤宫是一座不张扬却处处透着贵气的院落。庭院里有两对铜质的凤凰和仙鹤，可见规格之高。这里曾经住着明神宗万历皇帝朱翊钧的贵妃郑氏。

**翊坤宫**

**太极殿**

太极殿是一座很清静幽雅的宫殿，也是东西十二宫唯一以"殿"命名的院落。这座宫殿曾反复更换过宫名，最初被称为未央宫，到了嘉靖年间，改名为启祥宫，至于后来为什么叫太极殿，已经无从考证了。

咸福宫靠近西北侧，是西六宫不太显眼的一处院落，却别具风格。这里是乾隆皇帝焚香抚琴的地方，他亲笔题写了"琴德簃"的匾额，悬挂在后殿同道堂的东室。

**咸福宫**

故宫的东西六宫，承载着明清两代皇后、妃子、公主们的悲欢离合，她们的故事直到今天，还吸引着史学家和世界各地的游客。这些女性的故事都很传奇，也很值得同情。她们中有许多人一生的大部分时光都是在这里度过的，当"笼中鸟"可不是什么愉快的体验！

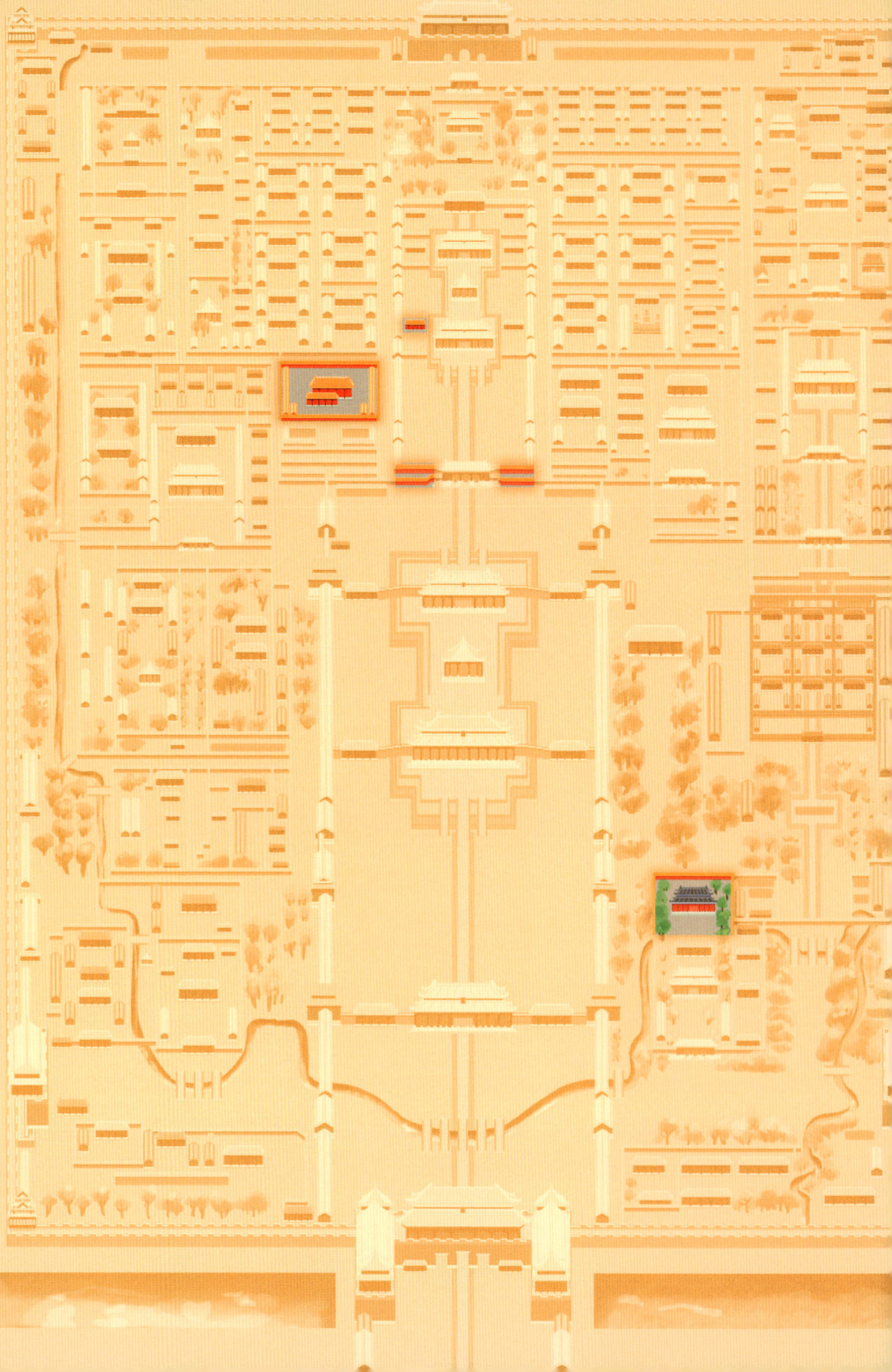

要是我有这么大一座宫苑，可以今天去御花园打秋千，明天去太和殿广场放风筝，我真是睡觉都能乐出声来！

你想得太美了，皇帝也是要学习的！而且，这些当时贵为天子的人学习起来还比你用功得多呢！咱们这就去他们工作和学习的地方看看吧！

作为一朝天子，要揽治理国家这个"瓷器活儿"，还真得有相当厉害的"金刚钻儿"。这"金刚钻儿"从哪儿来呢？聪明勤奋的皇帝们，当然要到书房中去"充电"啦！

紫禁城里的书房，大大小小加在一块儿，总共有四十余处。其中包括著名的三希堂、上书房，当然，还有有着"康熙书房"之称的南书房，因为这里正是"学霸"康熙帝学习的地方。

康熙帝便装写字像

# "学霸"康熙的书房

　　紫禁城里曾有一位"学霸"皇帝，那就是康熙皇帝。他一生勤勉好学，爱好钻研，对自然科学、几何学和西方医学都很感兴趣，堪称历代帝王中的"科学家"。

　　身为皇帝，康熙帝有几大特点：涉猎广，什么经史子集、天文地理、算术音律都会研究一番；爱学习，他在很小的时候就开始读书，14 岁就能把四书五经倒背如流；"脑洞"大，老是爱问"为什么"。

　　著名的南书房由康熙设立，起因是他想给自己建造一个工作、读书、学习的理想场所。其实，南书房一开始并没有名字，只叫"书房"，因其位于乾清宫的南面，一来二去，大家就都叫它"南书房"了。

　　南书房并不大，但是皇帝在这里能做的事情可不少：读书、作画、练笔、批奏折，还会不时与书房翰林们交流机要。书房里每天都有随侍左右的大臣官员，他们轮流值班。在南书房当值的都是品德高尚、学养深厚的官员，最好是家也住得离皇宫不远。

　　南书房翰林也是从翰林院中精挑细选出来的，在这里当班能与皇帝近距离接触，参与机要事务，升迁会很快。但是他们的工作也真的很辛苦，有时一整天都得趴在桌子上工作，腿脚伸不开，一天下来，头晕眼花、腰酸背痛。

　　能进南书房工作的人，很多是名垂千古的才子能臣，比如正直清廉的书法家沈荃、画家王原祁、乾隆年间的诗人钱陈群、知天文通地理的科技能臣戴梓等。

扫码领取

★故宫奇妙之旅
★神奇的脊兽
★云游博物馆
★国宝档案册

南书房原址

## 南书房趣事
### ——"老头子来了"

一天，状元于敏中在南书房值班，他和同伴们聊得正开心呢，突然听说皇帝驾临，赶紧告诉同伴们："老头子来了。"没承想这句话也被乾隆皇帝听到了。翰林们都很紧张，大气都不敢喘。

正在大家不知如何是好的时候，只见于敏中向皇帝行礼并沉着地解释道："陛下万寿无疆，因此称'老'；尊为万民之首，因此称'头'；以天地为父母，乃天之骄子，因此称'子'。"乾隆听后气消了，甚至还觉得挺高兴，不但免了于敏中的罪，反而嘉奖了他。

# "皇子学堂" 上书房

【学堂地址】
乾清宫东南角

【招生范围】
皇子皇孙

【聘任老师】
名臣大儒

【辅导老师】
上书房行走

【学堂主管】
历任皇帝

游艺怡情

少年同治皇帝写字像

皇子自幼从起居饮食到行为礼仪都有专人照顾和教导。到了一定年龄，皇子们就要正式读书了。

每一位皇子都有专门的老师负责学业，皇子尊敬自己的老师，老师也对身为皇子的学生尽心竭力。在乾清宫东南侧，专门设立了供皇家子弟读书的场所，这便是名副其实的"皇子学堂"。

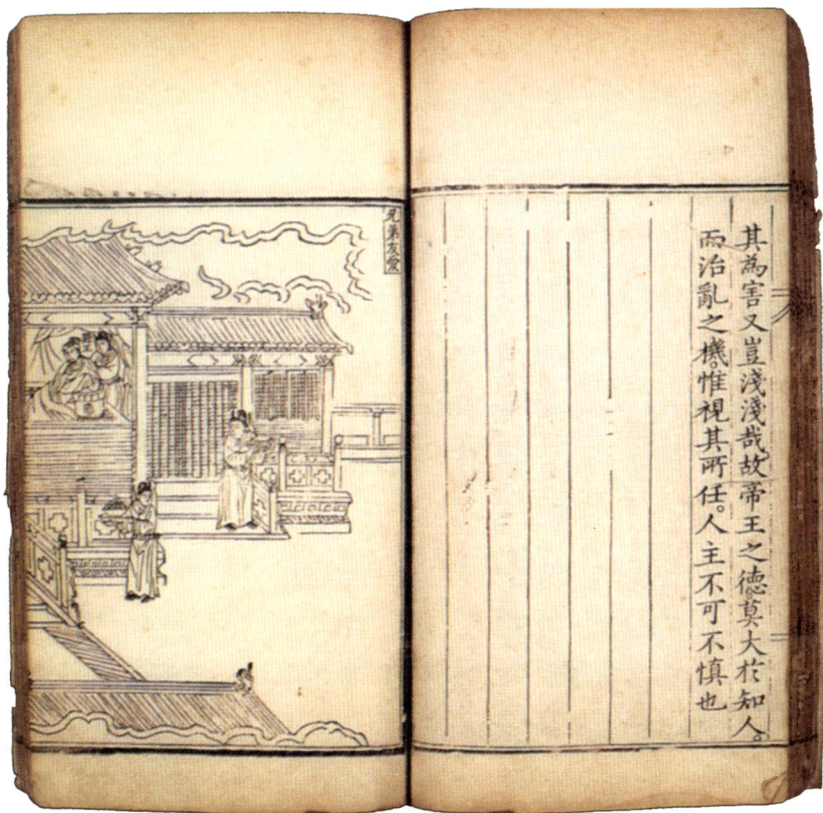

明万历刻本《帝鉴图说》，这是张居正专门为万历帝编写的课本

# 皇家"图书馆"

　　文渊阁——光看名字，就知道这是一座文化底蕴非常深厚的建筑。要是真的走进这座建筑内部，一定会让你叹为观止。要知道，这可是皇家的"图书馆"，皇帝的"阅览室"！

　　文渊阁就位于东华门内、文华殿的后面，修建于乾隆四十年（1775 年），是仿造江南著名的藏书楼天一阁修建的。

　　在布置上，文渊阁以朴实无华为主，用冷色调的青砖墙代替了红墙，屋顶也不是华丽的黄色琉璃瓦，而是黑色琉璃瓦加上绿色的琉璃瓦剪边，就连装饰用的彩画，画的也不是紫禁城里最常见的金龙，而是清新悦目的苏式画。不过，天一阁是重檐硬山顶式建筑，到了文渊阁这里，为了突出皇家威严，改成了更加稳重的单檐歇山顶。

文渊阁

## 好藏书，藏好书，藏书好

想一想，藏书的地方最怕什么呢？

对啦，那就是——火。

在明代，南京的皇宫里曾经有过一座藏书阁，名字也叫文渊阁。然而这座藏书阁因为一时不慎失了火，致使大量珍贵的藏书付之一炬，多可惜啊！

所以，人们特意在紫禁城的文渊阁前修建了一座蓄水池，一旦发生火灾，就能够很快地取水救火啦。

此外，为了给珍贵的书籍营造一个良好的保存环境，文渊阁中的书橱大多放在楼上的大间里，一律不靠墙摆放，房间也前后开窗，利于通风。

在文渊阁内，还设有休息室，准备了床、炕案、靠垫等，如果皇帝读书读累了，也能在这里休息，小睡一会儿。

文渊阁曾保存着乾隆皇帝主持编修的《四库全书》

文渊阁的书架排列很讲究，都经过了精密的计算，疏密有致，很好地划分清楚了不同的功能区，让室内的空间显得富有变化，又相互连通。另外，文渊阁修建在乾隆朝最鼎盛的时期，也是乾隆皇帝诗文创作的高峰期。所以，在文渊阁里，到处都能看到他题的诗，书写的对联、匾额。

这儿书架可真多啊，也不知道得有多少？
让我猜一猜，嗯……是115个吗？
哎呀，你怎么这么快就数出来了！
其实，我是从书里读到的，哈哈。

# 小则小矣三希堂

乾隆皇帝一生最喜欢待的地方就是他的书房"三希堂"。

为什么要叫"三希堂"呢？有两种说法。一种说法是认为"三希"出自宋代大学问家周敦颐的《通书·志学篇》中"士希贤，贤希圣，圣希天"的名言。另外一种说法是，"三希"音同"三稀"，指乾隆皇帝收藏的三件稀世书法珍品，即王羲之的《快雪时晴帖》、王献之的《中秋帖》和王珣的《伯远帖》。

三希堂

乾隆写字像（局部）

皇帝的书房本应格外考究，然而，令人意想不到的是，三希堂竟然这么小。有多小呢？这个 8 平方米的狭长空间又分成里外两间小室，临窗的外间才是真正的三希堂，面积仅有 4.8 平方米，被称为故宫中最小的房间。

是不是完全没想到，堂堂一个皇帝，竟然在如此小的书房中读书、办公！

那么，为什么乾隆的书房这么小呢？难道是当时紫禁城没地方了？

如果你到故宫去参观游览，也许会发现这样一个现象：好像皇帝、皇后和妃子们的卧室都不是很大，和我们想象中的"宫廷豪宅"完全不一样。因为古人都讲究"藏风聚气"，他们认为，"气"是人体生命的根本，"精气爽"而"生命足"。如果"气"散了，那人就会整天昏昏沉沉的。人每天待得最久的地方就是自己的家，如果这个"家"不能"聚气"的话，那人的精神状态可能也不会很好。

那么怎么"聚气"呢？很简单，就是房间别弄得太大，空间一大，"气"就很难聚起来了。

你会发现，故宫里皇帝的卧室都很小，也就 10平方米左右。因为乾隆皇帝在三希堂待的时间也比较长，所以在这里"聚气"就显得尤为重要，这就是三希堂空间这么小的原因。

不过，说来说去，三希堂小最重要的原因，其实可能还是为了保暖。三希堂在养心殿西边的小角落里，这个小角落有一扇向阳的大窗户，冬天的时候，阳光可以从这窗户透进来，让整个小屋子都显得更暖和，故而它又有一个名字叫"养心殿暖阁"。如果在里面再盘上火炕、烧上炭盆，不一会儿，整个屋子里就会暖暖的，特别舒服。

# 书声琅琅弘德殿

弘德殿是乾清宫西边的一座小宫殿。在明代，这里是皇帝召见大臣的地方，到了清代，这里就成了皇帝处理政务和读书的地方。

顺治十四年（1657年）以开日讲（皇帝请老师每天上朝前给自己讲经论史，从中学习治国之道），在弘德殿祭告先师孔子。康熙年间，康熙皇帝在弘德殿命讲官进讲四书五经，并与讲官论及吏治之道。皇子们也会来旁听，有时候，皇帝还会提问，考察一下皇子们的应变能力。

到了同治年间，弘德殿成了同治皇帝读书的场所。从此，这里经常会传出琅琅的读书声。

明、清两代，皇子、皇孙们大多琴棋书画、文韬武略样样精通，我想，这一定与严格的"学校"教育密不可分吧！

你说得没错！

# 皇家文具大集合

明、清两代皇室重视文教，读史论经也是帝王最重要的必修课。凡殿堂之中设宝座处，左右必陈典籍和书案，书案上放置文房用品。除了精美的文房四宝，书房里还设有放书画的大缸、画屏等物件。

这是皇帝的"笔盒"，
里面装着各种材质的笔

**笔** 清代的宫廷用笔是由内务府制作的，另外每年还有从苏州、杭州进贡的数百支湖笔，笔管一般是用竹子制作的，也有以玉石、玳瑁、象牙、漆等为材质的。

**墨** 宫廷的墨，一般都会署名"御墨"，也有以内廷斋、堂、轩、室名字命名的墨品。有的在墨上描金，绘制图案。进贡的墨上，一般会标明某"巡抚恭进"，或者"监制""敬制"款。彩墨为明、清宫廷特殊御用墨，

成套的集锦墨

包括朱墨、色墨等。朱墨用于皇帝御笔朱批、元旦开笔书"福"等。

故宫的纸绢，主要有精制宣纸、高丽纸、壁纸、洒金粉蜡笺、磁青纸、仿明仁殿纸等加工纸笺。分为书画纸、写经纸、日常用纸等。每年新春赐"福"必用朱红云龙纹斗方绢笺。

**纸**

清朝内务府造办处有"砚作"，专门负责制造宫廷用砚。主要有端石砚、歙石砚、澄泥砚、松花石砚、玉石砚、铜匣暖砚等。砚盒材质会有描金漆料、玳瑁、玉石、铜等。墨床是放置墨的用具，主要的造型有书卷形、方形、船形、花卉纹等，材质也是丰富多样。到了冬天，经常会用到暖砚，它的上部是砚台，下面的托架内部能放炭火保暖，防止墨汁因为寒冷而结冰。

**砚**

端砚

这方端石双龙砚原材料取自广东肇庆端溪，这个地方产的砚台叫作"端砚"，是我国四大名砚之首。在这方精美的石砚上，雕刻有两条龙，它们四周云海相接，金色的龙珠若隐若现。砚台的左侧是制砚者的署名，砚盖和砚背有乾隆帝御题的铭文。

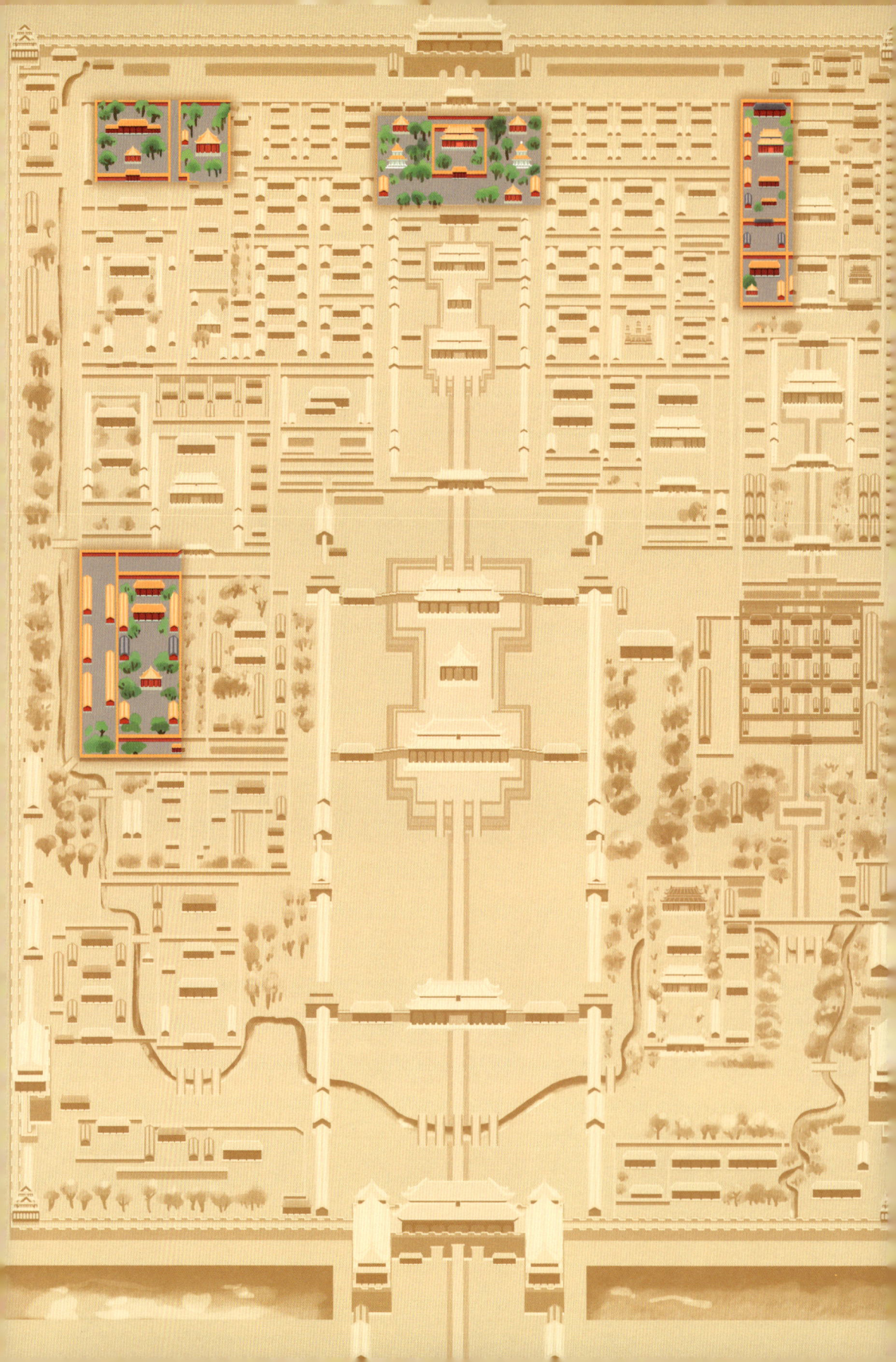

# 皇帝的花园

我们沿着紫禁城的中轴线依次走过了太和殿、中和殿、保和殿——这里也称"前朝"，是皇帝行使权力的地方；接下来，我们又走过了"内廷"——乾清宫、交泰殿、坤宁宫。这些气势恢宏的大宫殿，到处是红墙黄瓦，装饰着各种神器、神兽，庄严的气氛让我觉得心情怎么也放松不下来。我们能不能去逛逛花园呢？

说到花园啊，那范围可就太大啦！在清代，紫禁城后边的景山，旁边的西苑——包括中南海和北海，还有北京西郊的圆明园、颐和园，都是属于皇家的大花园。

扫码领取
★ 故宫奇妙之旅
★ 神奇的脊兽
★ 云游博物馆
★ 国宝档案册

# 紫禁城中的"桃花源"

过了坤宁宫，出了坤宁门，风景可就变得大不一样了。这里就是紫禁城里的"世外桃源"——御花园，是一个可以观、可以居、可以游的地方。

御花园的建筑布局十分严谨，以北部正中的钦安殿为中心，左右建有亭、台、楼、榭不同风格的建筑二十余处。园内古树参天，山石嶙峋，花木奇异……既有雍容华贵的宫殿气息，又有清秀优雅的园林风光。漫步其中，就像炎炎夏日吃着冰激凌一样惬意。

明代时，御花园曾是紫禁城里唯一的一座花园，那时候它叫"宫后苑"，清代才改称御花园。这座花园或许并不像你想的那么大，南北纵向80米，东西宽140米，但它胜在精致。园内青翠的松、柏、竹间点缀着假山，一年四季都绿意盎然。

花园建成后，这里就成了皇帝和后妃们茶余饭后休息、游乐、读书的地方。每年宫里登高、赏月等活动也在这里进行。

御花园的俯瞰图

# 一座"绝对对称"的花园

做事规规矩矩、有条有理的小朋友一定会喜欢御花园的，因为这是一座"绝对对称"的花园。

这里的亭台楼阁，虽然形式多样、变化多端，但布局上都采取了一左一右、两两成对的对称模式：东南角的绛雪轩与西南角的养性斋，一凸一凹，一低一高；万春、千秋二亭分列东西，精巧典雅，构造、装饰一模一样；北面的浮碧亭与澄瑞亭，东西对称，造型相同，建在横跨鱼池的单孔桥上；东北角的摛（chī）藻堂与西北角的延晖阁，同样是错落有致，相互呼应……每一座建筑都不孤单。

**钦安殿**

钦安殿在正中北面，是园中的主体建筑。它把御花园分成了东西两部分，因为不能一眼就把风景看尽，所以看起来视觉空间扩大了。

摛藻堂在御花园东北部堆秀山东侧。"摛"是铺展的意思，"摛藻"就是弘扬文化、施展文采的意思，这里主要用于藏书。后来乾隆皇帝将《四库全书荟要》贮藏在这里。

**摛藻堂**

四神祠

**延晖阁**

延晖阁位于御花园西北角。登阁可以俯视花园，眺望景山。

**浮碧亭**

浮碧亭建在一座单孔石桥上，桥下的水里有睡莲和游来游去的小鱼。

**绛雪轩**

绛雪轩在御花园的东南角。这里的门窗设计得特别精致，用楠木雕刻，窗棂上还刻有"万寿无疆"的图案。

**四神祠**

延晖阁南面有座八角亭式建筑，它就是四神祠。古人将天分成中央和东、南、西、北四方。中央为紫微，是天帝所居；四方由"四神"分守，东为青龙、南为朱雀、西为白虎、北为玄武。皇帝在御花园中设立四神祠，其实也是显示自己权威的一种方式。

# 御花园里有"四奇"

御花园虽然不大，可藏着好多珍贵稀罕的东西，比较有名的，就是下面这"四奇"了！

**奇树**

御花园里共有 160 多棵古树，它们的树龄都在 300 岁以上，个个儿都是"树爷爷"。

其中有两棵古柏树，虽然根部是分离的，但在一米多高的地方就长到了一块儿，树冠也连在了一起。它们互相扶持着生长了上百年，大家都叫它们"连理柏"，形成了一道天然拱门。

天一门内连理柏

鹤鹿同春（御花园石子路图案之一）

注意，有只鹿在你脚下，千万不要踩到它！

仔细看一看，原来，脚下的路上，不光有鹿，还有栩栩如生的白鹤，在桃园结义的刘备、关羽、张飞三兄弟……御花园中的路用红、白、绿、蓝的小石子拼凑成了一幅幅精美的图画，共有九百多幅呢，画面上有花鸟虫草、七珍八宝，还有"龙凤呈祥""喜鹊报春"等吉祥图案、民间故事和人物图案，所有这些图案在一起构成了一个整体。一边看一边走，不知不觉，就能把整个园子逛个遍。

**奇路**

如果我告诉你，乾隆皇帝的藏宝箱就藏在御花园里的某个角落，你是不是马上就要行动起来啦？快去 84 ~ 85 页找一找吧！

## 奇亭

　　中国人自古以来就喜欢在花园里建亭子，因为这种建筑造型简单，古朴典雅又可以供人休息。御花园里的亭子共有十二座，造型各具特色。其中最出名的有四座亭子：万春亭、浮碧亭、千秋亭、澄瑞亭，它们分别代表了春、夏、秋、冬四个季节。

　　万春亭和千秋亭造型相同，如果你走进这两座亭子，抬头仰望，能看到非常美丽的藻井。浮碧亭则与澄瑞亭相对称，都是四角攒尖顶，天花中间也是非常精美的双龙戏珠八方藻井。浮碧亭和澄瑞亭分别建在两座桥上，为了挡风，亭子四面还装有护墙板，关上门窗，里面就暖和多了！

千秋亭

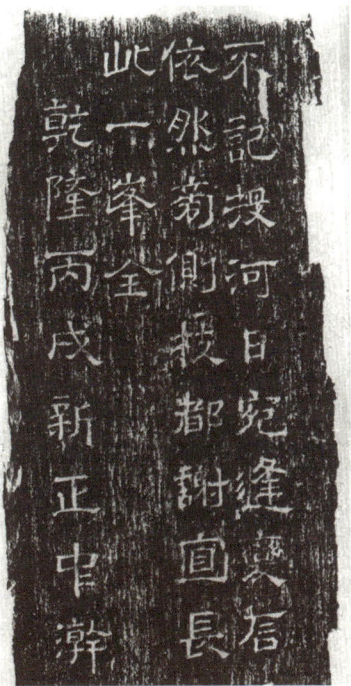

木变石及乾隆御书拓片

## 奇 石

　　咦，这究竟是木头，还是石头？说它是木头，它却坚硬无比，敲起来咚咚直响；说它是石头，它背面又有千百个虫蚀的孔洞，看起来就像一块久经风雨的朽木。

　　这块宝贝既非木又非石，它呀，是一块"木变石"，就矗立在御花园东南角的绛雪轩前。这块罕见的枯木化石足有一米多长，是乾隆年间黑龙江将军进贡的"奇特之物"。在木变石的正面，还刻着乾隆皇帝的诗句呢，要是你来到御花园，可别忘记去看看它。

# 付之一炬"珍宝园"

在紫禁城内廷西六宫的西北侧，有一座清代乾隆初年建成的宫廷花园，它是随建福宫而建的，所以叫"建福宫花园"。这座花园占地面积约 4000 平方米，有十几座建筑坐落其中。麻雀虽小，五脏俱全，它布局特别灵活，山石树木高低错落，大小不一，建筑形式也多种多样。乾隆皇帝很喜欢这座花园，在这里收藏了许多他喜爱的珍宝。1923 年，建福宫花园发生了一场大火，这里的一切几乎都化为灰烬，华美的建筑、美丽的园林，以及其中无数的珍宝全部付之一炬。

直到 2000 年，故宫博物院才启动了建福宫花园的复建工程。人们依照清朝画家丁观鹏的《太簇始和图》和瑞典汉学家喜仁龙（Osvald Sirén）在 1922 年拍摄的照片，在建福宫花园的废墟上恢复了花园的原貌。

建福宫花园火场

# "乾隆花园"来听戏

接下来我们要逛的园子叫宁寿宫花园，位于宁寿宫区域的西北角，用了六年时间才完成修建。整个宁寿宫区域，都是为乾隆皇帝修建的"太上皇宫殿"，以便他做满六十年皇帝后，"退休"当太上皇时在此生活。所以，宁寿宫花园又被称作"乾隆花园"。

既然是太上皇养老休息的地方，花园的建造自然花费了许多心思。它建在一个狭长的区域内，面积虽然不大，里面却高低错落，容纳了大小27座建筑。它们大都是乾隆皇帝亲自命名的，其中前两个字表明他的退位心志。例如"遂初堂"，意思是实现了自己退位的初衷；"符望阁"，符合自己长久以来的退位期望；"倦勤斋"，则是厌倦了辛勤理政的生活，终于可以退休养老啦！

倦勤斋戏台

整座花园由南至北，分为四进院落：第一进，秀丽清奇；第二进，朴素规整；第三进，怪石嶙峋；而第四进，里面则有很多"藏得住"的秘密，包括高大的符望阁、狭小的竹香馆，以及隐藏在最深处的倦勤斋。倦勤斋建在花园的最北端，外有游廊围绕，形成一个封闭的小院。室内装饰更是别有洞天：整个顶棚和部分墙面被绘成了一个硕大的藤萝架，上面爬满藤萝并盛开蓝紫色的花朵，透过枝干和花叶的缝隙，还可以看到蓝色的天空……这样的画幅叫作"通景画"。室内西端，"藤萝架"下，还建有一座尖顶的亭式小戏台，画中的斑竹篱笆与戏台的仿竹篱笆虚实相接，美观别致。戏台对面，楼上楼下分别设有宝座，皇帝可以随意坐在那里看戏消遣。

花园的第一进院落，有一座禊赏亭，亭中是一条弯弯曲曲的"流杯渠"。这是乾隆皇帝为了追求古代文人风雅，根据东晋大书法家王羲之《兰亭序》中"曲水流觞"场景修建的。游乐时可以将水从假山后的水井引入渠中，在上游放置酒杯，杯子停在谁的面前，谁就取杯饮酒，然后作诗。

逛花园要是逛累了，想睡一觉怎么办？建议你去梅花亭休息一下：它是一座五柱五脊、梅花形状的小亭，亭檐的额枋也彩绘着梅花，就好像是无数梅花簇拥成的大梅花篮一样。在这里午睡，肯定会做一个五彩缤纷、香喷喷的美梦！

如果说御花园突出的是一个"奇"字，那宁寿宫花园突出的就是一个"雅"字，这里仿照江南园林进行设计，还有一个专门用来"曲水流觞"的地方。

"曲水流觞"是什么意思呢？如果你还不知道的话，那我就要开始背书啦："永和九年，岁在癸丑，暮春之初，会于会稽山阴之兰亭……"

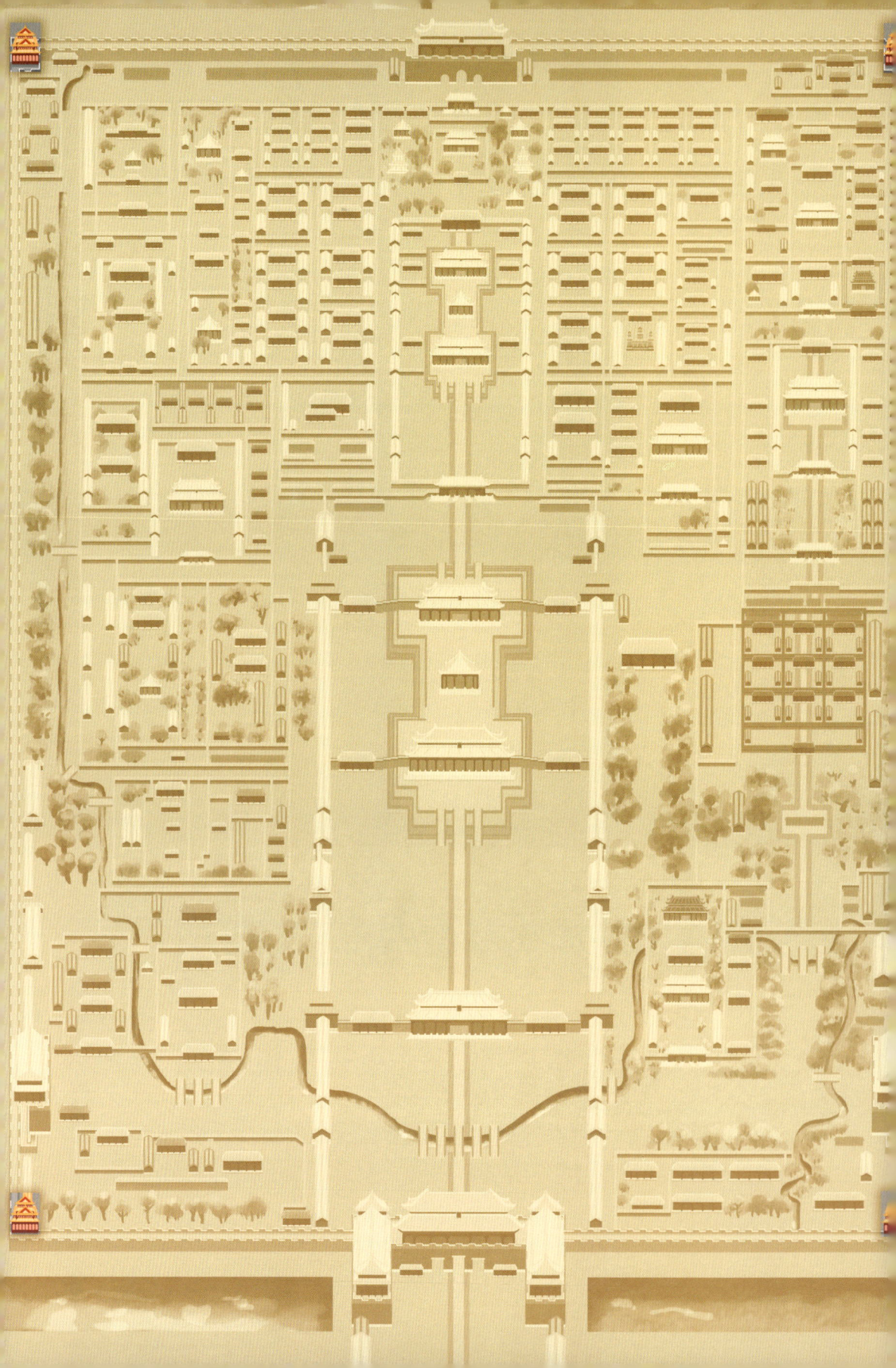

# 角楼的故事

紫禁城的角楼，绝对称得上是北京城历史上建筑结构最精巧、最美妙的古代建筑之一。

角楼结构巧妙，轮廓典雅，十字屋脊，重檐三层。多角交错，远远望去，檐角起翘，参差错落，层层叠高，玲珑绚丽。屋脊上234只吻兽栩栩如生，黄琉璃瓦顶和镏金宝顶在月光下熠熠生辉。角楼的大木构架和斗拱是很复杂的，俗称"九梁十八柱七十二脊"。

其实，在城墙的四角建角楼的形式早在两千多年前就有了，这种形式起到瞭望和防御的作用，与城墙和护城河一同构成了宫城的防御设施。

# 蝈蝈笼的传说

　　明永乐皇帝要求大臣和工匠把紫禁城的四个角楼修建得特别漂亮，而且明确要求有九梁十八柱、七十二条脊，限期三个月建好。为了把紫禁城的角楼修建得又精巧又别致，大臣求助于北京八十一家大建筑厂最有经验的老师傅们，大家绞尽脑汁，可是研究了很久也没研究出什么好方案来。

　　一天，街上有一个老头儿在卖蝈蝈。其中一位木匠师傅就走了过去，想买一只蝈蝈来解闷儿。可是，当他将蝈蝈笼拿到手里时，却惊然发现老头儿用秫秆编造的蝈蝈笼十分精巧，怎么看怎么不一般——不得了，这精巧的蝈蝈笼，刚好有九梁十八柱、七十二条脊！大家都感叹这简直是天上掉下来的宝贝，还有人说，那位卖蝈蝈的老人就是显圣的鲁班！师傅们依照蝈蝈笼琢磨出了角楼的样子，最终建成了完美的角楼。

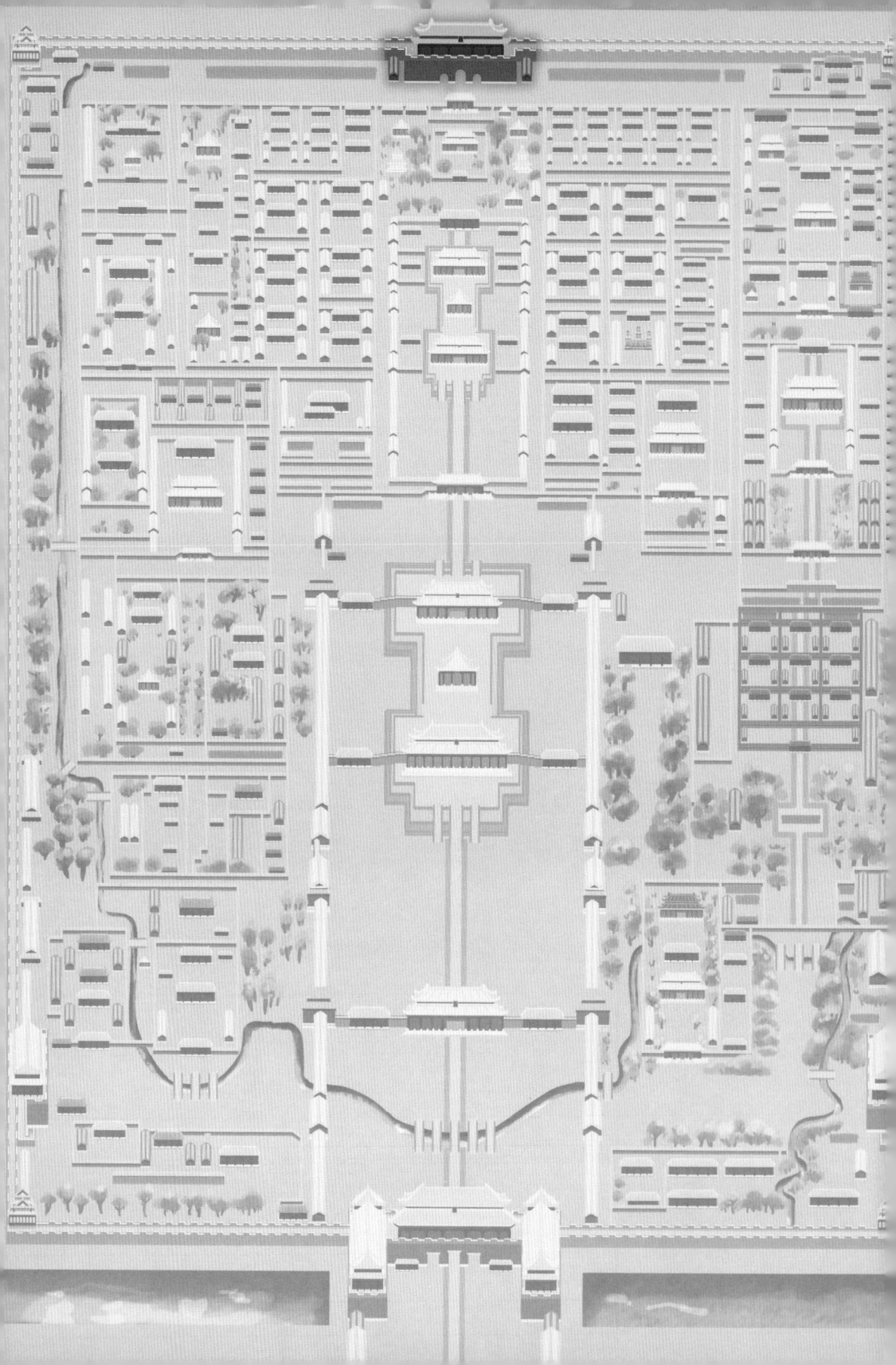

【 钟，要敲上 108 下 】

神武门是紫禁城的北门，明代的时候曾叫"玄武门"。

从方位上讲：东青龙，西白虎，南朱雀，北玄武。所以，北面的宫门通常取名叫"玄武门"。

那么，它又为什么改名叫"神武门"呢？原来是为了避康熙帝玄烨的讳。

现存的神武门高31米，平面呈矩形，下面是汉白玉的须弥座。在这里，每到黄昏时分，城楼上的钟都会鸣响108声，然后就"起更"了，一夜分为五更，一更约两个小时。到了第二天早上，五更已尽，钟声还会鸣响108声，告诉人们："天亮了，该起床了。"

选秀女的活动每三年举办一次，参加活动的人员也是从神武门进出的。在选秀的前一天，负责办事的官员们要将车辆排好次序，否则一旦乱套就不好了。选看完毕的秀女，会按照既定的次序退出神武门，登车各回各家。虽然有千百辆车，却秩序井然，一点儿也不乱。

## 好吃的"门钉"

不知道你有没有注意到，故宫很多大门上都有一排排金黄色的门钉，它们不仅起装饰作用，同时也是封建等级制度的象征和体现。关于这些门钉，还有一个关于美食的故事呢。

传说一次御膳房的师傅给慈禧太后准备了一道带馅的点心，慈禧太后觉得非常好吃，就问这道点心叫什么名字。可是当时这道点心还没起名字，于是师傅就随口说叫"门钉肉饼"。后来，门钉肉饼成了一道北京名小吃。它是用牛油做成的，刚出锅时最香，金黄酥脆，看着就让人垂涎欲滴……

请在下面屋檐上，画上正确的檐兽，并为图画涂上你喜欢的颜色吧！

故宫凝聚了劳动人民的智慧和汗水，这里虽曾有种种规矩和森严的等级，但是如今男女老幼都可以来到这里，聆听历史长河中留下的故事，欣赏巧夺天工的艺术瑰宝。故宫里的故事啊，直到今天还没讲完！

"大故宫，我来啦"

扫码开启故宫
互动体验游览

**看视频**
动画+实景演绎故宫原貌

寻找故宫建筑符号
**神奇的脊兽**

☑ 在线云游博物馆，足不出户赏文物

☑ 创建国宝档案，串起中国文明历史